AF260085

INAUGURATION

ET

BÉNÉDICTION D'UN PONT

SUR L'ORNE, ENTRE BALLON ET MONTBIZOT

(Chemin de moyenne communication n° 48)

EN PRÉSENCE DE

M. Migneret, préfet de la Sarthe, de MM. les Curés de Ballon et de Montbizot, de M. Paillard-Ducléré, membre du conseil général, de MM. les Maires du canton et des bataillons de la garde nationale de Ballon et de Souligné.

LE MANS

IMPRIMERIE MONNOYER, PLACE DES JACOBINS

—

1851

INAUGURATION

D'UN PONT SUR L'ORNE

ENTRE BALLON ET MONTBIZOT

(Chemin de moyenne communication n. 48)

———◆———

Le canton de Ballon, l'un des plus riches de l'arrondissement du Mans, désirait vivement que l'interruption apportée par les rivières d'Orne et de Sarthe aux relations du chef-lieu avec plusieurs de ses communes importantes, cessât par l'érection de deux ponts établissant une circulation complète sur le chemin de grande communication n° 48.

La première partie de ce vœu vient d'être réalisée ; un pont sur l'Orne a été étudié, adjugé et construit dans le cours de cette année, grâce aux efforts réunis des communes et d'une subvention départementale que M. le préfet a cru devoir accorder sur les fonds mis à sa disposition par le conseil général (1).

L'inauguration de ce pont a été l'objet d'une véritable fête de famille, où se confondaient dans un esprit de mutuelle bienveillance les autorités administratives, le clergé et la population des communes circonvoisines.

Le dimanche 5 octobre, à deux heures, M. le préfet s'est rendu à Ballon où étaient réunis une partie des maires ainsi que le bataillon cantonal de la garde nationale de Ballon. Le cortége, auquel s'étaient joints M. le juge de paix, MM. les curés de Ballon et de Saint-Mars, M. Paillard-Ducléré, membre du conseil général, le conseil municipal de Ballon et plusieurs citoyens honorables, s'est dirigé sur le pont nouvellement construit, où s'était à l'avance rassemblée une foule considérable dont la présence ajoutait, par la variété des costumes, des

(1) L'auteur du projet est M. Lindé, agent voyer de l'arrondissement : les études ont été commencées le 27 juin 1850 ; l'adjudication a eu lieu au profit de M. Morel, de Ballon, le 13 janvier 1851, et les travaux ont été reçus le 1er octobre suivant.

groupes et des attitudes, à l'aspect gracieux du paysage. Le pont, décoré d'un arc sur lequel on avait inscrit, par une attention bienveillante, le nom du préfet qui a eu l'avantage d'en favoriser la construction, était en outre orné de feuillage et de drapeaux tricolores.

Le cortége, parti de Ballon, a trouvé à son arrivée, et sur l'autre rive, MM. les maires et le bataillon de la garde nationale de Souligné ; les deux troupes ont pu se réunir à l'aide du monument même qu'elles venaient inaugurer, et les détonations du canon, servi par un vieil artilleur de Wagram, ont annoncé le commencement de la cérémonie.

Les autorités s'étant placées sur le milieu du pont, M. Guiet, maire de Ballon, a pris la parole en ces termes :

« Il y a quinze ans à peine, Messieurs, toutes les communes du canton de Ballon étaient privées de moyens de communication entre elles. Le commerce était paralysé pendant la majeure partie de l'année, et, à quelque prix que ce fût, le malheureux cultivateur se trouvait, en quelque sorte, forcé de vendre pendant la belle saison tout le produit de sa récolte.

« Grâce à la loi du 21 mai 1836, il n'en est plus ainsi. Toutes nos communes se sillonnent, chaque jour, de chemins vicinaux de grande, de moyenne et de petite vicinalité, et là où de fortes charrettes, traînées par sept bœufs ou chevaux, ne pouvaient passer qu'avec la plus grande difficulté, glissent actuellement, comme sur une glace, de légères voitures attelées d'un seul cheval.

« Mais, Messieurs, malgré les grands sacrifices que nous nous sommes imposés jusqu'à ce jour, notre tâche n'est pas accomplie, et il nous reste encore de grandes difficultés à vaincre.

« Deux rivières ont, jusqu'à ce jour, empêché toute communication entre Ballon et quatre communes de son canton : déjà un pont, but de notre réunion, vient d'être jeté sur l'une d'elles, grâce à la bienveillance d'un administrateur éclairé, qui, à peine arrivé dans ce département, a su comprendre nos besoins et n'a pas craint d'y pourvoir largement, afin de nous tirer de suite, pour partie, de la position fâcheuse dans laquelle nous nous trouvions.

« Que ce digne administrateur, qui a bien voulu assister à cette cérémonie, couronnement de son œuvre, daigne recevoir ici tous les remercîments d'une population reconnaissante.

« Mais, Monsieur le préfet, si Montbizot peut désormais communiquer directement avec son chef-lieu de canton, il n'en est pas de même pour les communes de Sainte-Jamme, Saint-Jean-d'Assé et même Souillé, qui ne pourront jouir d'un pareil avantage tant qu'un nouveau pont n'aura pas été construit sur la Sarthe, ce qui nécessitera une dépense considérable.

« Nous aurons donc recours de nouveau à votre bienveillance, Monsieur le préfet, pour nous aider dans cette œuvre, tant auprès du département qu'auprès du gouvernement.

« Malheureusement, le moment est mal choisi ; de nouvelles luttes vont s'engager incessamment entre les différents partis qui divisent la France, et ne contribueront pas à la réussite de nos projets. Mais espérons que les hommes de bien, à quelque parti qu'ils appartiennent, s'entendront entre eux pour maintenir l'ordre qui, avec lui, ramènera la prospérité, sans laquelle nous ne pouvons arriver au but que nous nous proposons. »

M. le maire de Montbizot s'est ensuite avancé et a dit :

« MONSIEUR LE PRÉFET,

« L'inauguration de ce pont, dû à votre sollicitude bienveillante, restera gravée dans la mémoire de cette population, heureuse de prouver à son premier magistrat sa reconnaissance pour ce bienfait et son dévouement aux idées d'ordre, qui la caractérise.

« Vive la France ! vive le Président de la République ! vive le Préfet de la Sarthe ! »

Après MM. les maires, M. Ducléré, membre du conseil général, a pris la parole :

« MESSIEURS,

« Si j'ai un vœu à manifester aujourd'hui, c'est bien de vous voir, au milieu de la solennité qui nous réunit, reporter vos remercîments à M. le préfet de la Sarthe, qui se montre si juste et si éclairé, dans son dévouement et son énergie, pour sauvegarder et faire prospérer les intérêts du département, soutenir les vôtres en particulier. Soyons unis, Messieurs, pour le bien et le dévouement au pays ; nous recueillerons les bienfaits de notre union et une bonne prospérité nous reviendra, en aidant ainsi à la prospérité de tous. Permettez-moi, Messieurs, de finir en remerciant, en votre nom, M. le curé de Ballon de son vénéré concours, et vous tous, Messieurs nos administrateurs et concitoyens, qui avez bien voulu désirer et vous associer à cette véritable réunion de famille, dont le canton sera fier et satisfait, au milieu de ses autorités, constituées pour le défendre du mal, et réunies en ce jour pour voir régner chez lui l'ordre avec la liberté et la confiance. »

DISCOURS

De M. CHALLOUX, curé de Ballon.

———

« En répondant à l'invitation des honorables autorités qui ont inauguré cette belle fête de commune, nous sommes heureux de leur renouveler nos véritables sympathies pour tout ce qui est honnête, religieux et légitime. Nous croyons aussi remplir le vœu de nos concitoyens, car nous nous plaisons à penser qu'ils sont, comme nous, satisfaits de voir donner une signification pieuse et élevée à la cérémonie qui nous réunit ici.

« Nous nous félicitons, en même temps, de trouver l'occasion de témoigner notre sincère et franche reconnaissance au premier administrateur du beau département auquel nous appartenons. Oui, mille remercîments à M. le préfet de la Sarthe, qui, dans sa généreuse bienveillance, a bien voulu seconder les efforts concertés des diverses administrations qui ont concouru à l'œuvre qui fait aujourd'hui l'objet de cette imposante assemblée. Notre véritable gratitude, nous la prouverons à M. le préfet par notre union à son zèle et à son dévouement pour la tranquillité et la prospérité du département, qu'il gouverne avec une sagesse et en même temps avec une énergie vraiment dignes d'éloges et d'admiration. Daignez, Monsieur le préfet, recevoir, pour notre part, l'humble tribut de notre reconnaissance pour avoir bien voulu venir rehausser, par votre noble présence, l'éclat de la présente solennité.

« Dans tous les temps, la sainte Eglise, au nom de laquelle nous paraissons ici, a prêté son concours religieux aux œuvres de ses bien-aimés enfants. Elle bénit les navires, qui doivent affronter les périls de la mer, et, par ses prières sacrées, elle conjure les ouragans et les tempêtes. Elle bénit les drapeaux militaires, qui doivent conduire les guerriers à la gloire et à la victoire. Elle bénit la maison pacifique de la famille chrétienne, et elle demande pour elle la concorde la plus intime et la plus heureuse. Que dirai-je? elle étend son influence salutaire sur tous les êtres animés et inanimés.

« Désireux, mes frères, de nous associer à ce qui vous est bon et avantageux, nous allons aussi, au nom de l'Eglise, bénir ce pont, qui doit puissamment contribuer aux intérêts matériels du canton dans lequel la Providence nous a placés. Nous allons sanctifier par la prière ce pont dont l'établissement était si nécessaire au bien-être du pays que nous habitons.

« Mais parlons un langage plus approprié à la bouche d'un pasteur des âmes : Tout en bénissant ce pont, nous allons implorer sur vous, mes frères, les bénédictions célestes attachées à notre ministère sacré. Nous allons demander au ciel qu'il répande sur vous ses divins bienfaits ; nous allons demander pour vous l'esprit de paix, d'union, de concorde et de charité ; nous allons demander pour vous l'amour effectif de la religion, sans laquelle il ne peut exister de véritable bonheur ; nous allons demander à Dieu qu'il bénisse la France, notre belle et chère patrie ; nous allons demander que tous les cœurs qui composent le peuple français, si distingué parmi tous les peuples du monde, soient unis par les liens de la fraternité sociale et chrétienne.

« C'est, mes frères, notre vœu sincère et notre doux espoir. »

DISCOURS

De M. FOUCAULT, curé de Montbizot.

—————

« Monsieur le Préfet et Messieurs,

« Je suis heureux d'assister à une cérémonie dont le principal intérêt pour moi est le bonheur d'un peuple qui m'est cher. N'y avait-il pas assez longtemps, en effet, que la nécessité de ses communications avec le chef-lieu de canton réclamait le pont que vous, Messieurs, vous venez inaugurer aujourd'hui, et que nous, prêtres, nous venons bénir?

« Gloire et reconnaissance soient donc rendues à votre zèle bien connu, Messieurs! Gloire et reconnaissance à votre sage et bienfaisante administration! J'en suis sûr, cette parole que j'exprime hautement ici est la pensée et le sentiment de ces deux populations dont vous allez resserrer les liens en favorisant leurs rapports.

« Maintenant, permettez, honorables magistrats, que, prêtre du Très-Haut, j'appelle ses bénédictions sur cette œuvre de votre paternelle sollicitude. Que Dieu vous bénisse vous-mêmes! Qu'il bénisse ce peuple et la France entière! Vous et nous, Messieurs, qui sommes les vrais amis du peuple, qui désirons avant tout le bonheur du peuple, demandons, dans cette solennité, que sur le sol chéri de notre patrie la divine Providence déverse à pleines mains ces grâces de son esprit qui feront savoir aux grands et aux petits que la religion est véritablement la mère et l'amie des hommes, tant par son concours, qu'elle ne refuse jamais aux arts et aux sciences utiles, que parce qu'elle prêche, par les mille et mille voix de ses apôtres, le règne de la vertu. Oh! heureuses les nations qui comprendraient sa parole, apprécieraient ses desseins et seconderaient ses désirs! C'est alors qu'elles posséderaient amplement la vraie fraternité, le bon ordre, la paix, l'aisance et tout ce qui peut contribuer efficacement au bonheur de l'humanité! »

A tous ces discours, empreints d'un caractère si remarquable de religion, d'ordre et d'amour vrai du pays, M. le préfet a répondu par les paroles suivantes :

« MESSIEURS,

« Je suis venu avec empressement à cette fête, et je m'étais préparé à vous dire combien j'aime les réunions de la nature de celle qui nous rassemble; mais ce que je vois, ce que je viens d'entendre, ajoute tellement au plaisir attendu, que je serais tenté de me borner à l'expression de ce plaisir et d'une reconnaissance bien sentie pour le concours bienveillant que vous apportez à mon administration. Toutefois, comme il peut y avoir quelque utilité pratique dans les réflexions que cette réunion m'avait suggérées, je crois devoir vous les communiquer : aussi bien, c'est pour moi une occasion de vous entretenir quelques instants de plus.

« Un monument utile à inaugurer, de franches et loyales communications avec une population honnête et laborieuse, c'est un bon emploi de la journée, ce sont quelques heures agréables jetées au milieu de tant d'autres attristées par de graves préoccupations. Ce sentiment ne m'est pas seulement personnel, il est aussi le sentiment du Président de la République, qui voudrait répondre, par un nombre égal de bienfaits, au nombre des suffrages qui, en le plaçant à la tête de l'État, ont ramené le calme et le travail dans la société rassurée. Il est le constant désir de tous ceux qui se vouent à la tâche difficile d'administrer en ce moment.

Faire le bien, marquer son passage aux affaires du pays par une institution utile, une amélioration, un encouragement donné à la moralité publique ou au travail, sont des choses si douces qu'elles tentent et séduisent tous les cœurs honnêtes ; aussi, rien ne nous est plus pénible, croyez-le bien, que de voir la population méconnaître ce sentiment, ignorer ce que nous leur apportons de dévouement, et chercher des protecteurs ailleurs que parmi nous, ses appuis, ses protecteurs naturels et zélés.

« Ils sont donc bien coupables ceux qui s'efforcent d'introduire la défiance entre le gouvernement et les citoyens ; et puisque nous voilà réunis en présence d'une œuvre menée à bien par notre bon accord, par notre concours mutuel, je saisis l'occasion de vous entretenir un peu de ceux qui cherchent à troubler cet accord, et qui prédisent, en s'efforçant de réaliser leurs prédictions, des révolutions, des tempêtes nouvelles.

« L'art des révolutions, c'est l'art de mettre les choses *sens dessus dessous*, et, comme l'a dit très-spirituellement, il y a quelques semaines, un homme distingué, il n'y a que la terre qui gagne à être *remuée* de la sorte, tout le reste perd aux bouleversements politiques, et l'agriculture y perd plus encore que les autres industries, car elle cesse de gagner d'abord et ensuite elle paie les frais de tous ces *déménagements* qui, ne produisant ni un grain de blé ni un arbre de plus, font, en revanche, admirablement développer les taxes et les impôts. En 1848, qui fut une année de troubles, le département de la Sarthe a payé 7,600,000 francs de contributions directes ; il n'en paiera que cinq en 1851, qui est une année de calme : Dieu seul peut savoir combien il paierait en 1852 si le désordre recommençait !...

« C'est à ces conséquences qu'il faut songer lorsqu'on se trouve en présence des conseils empoisonnés qui , directement et audacieusement, ou indirectement et avec hypocrisie, poussent au désordre un peuple qui a besoin d'ordre parce qu'il a besoin de travailler et de vivre.

« Il faut aussi demander à tous ces donneurs d'avis qui prétendent que tout va mal, que le gouvernement ne fait pas les affaires du pays, qui promettent au contraire que tout irait mieux si l'on consentait encore à tout bouleverser, afin de leur faciliter le renouvellement d'une expérience qu'ils ont manquée une première fois, d'où ils viennent, qui leur a donné la science de tout juger, et quelle garantie ils présentent pour cautionner leur promesse d'une prospérité générale.

« D'ordinaire, en faisant cet examen, vous trouverez que ces réformateurs de toutes choses auraient grand besoin de se réformer eux-mêmes ; que les impôts dont ils se plaignent tant ne les grèvent guères, grâce à l'ordre qu'ils ont habituellement mis dans leurs propres affaires, et qu'un grand nombre de ces prédicateurs du droit au travail ne pratiquent pour eux-mêmes que le droit à la paresse. Si la plupart de ceux qui prêchent ainsi une ère nouvelle qu'il faut accepter sur leur parole, vous demandaient 1,000 francs à emprunter sur leur seule signature, vous refuseriez ; s'ils vous demandaient de gouverner votre ferme et votre famille pendant un mois seulement, vous auriez peur ; eh bien, pourquoi les croiriez-vous lorsqu'ils prétendent vous enseigner l'art de gouverner l'État, et pourquoi croiriez-vous à des promesses dont ils sont les seuls auteurs et les seuls garants ?...

« Serait-ce parce qu'ils affirment avec audace ou parce que leurs paroles vous arrivent imprimées ? Ah ! croyez-le bien, l'impression ne fait rien à l'affaire , et pour être imprimés, un mensonge ou une calomnie ne restent pas moins mensonge et calomnie.

« Sans doute tout n'est pas parfait et bien des souffrances nous affligent : l'agriculture, notamment, regrette son ancienne prospérité , mais est-ce une raison pour désespérer, n'est-ce pas, au contraire, un motif de redoubler d'efforts pour améliorer, pour achever la guérison ? un motif de redouter les convulsions nouvelles, qui aggraveraient le mal ? Quand on souffre d'une blessure récente, on ne se guérit pas, d'ordinaire, en s'en faisant une seconde.

« De ces réflexions, que m'inspire notre réunion si franche et si cordiale, je ne veux tirer qu'une seule conclusion, mais je vous demande de. l'adopter tout entière : *Ayons confiance les uns dans les autres*; ayez confiance dans la sollicitude du gouvernement, dans le dévouement de l'administration, et quand on les attaquera devant vous, quand on voudra vous pousser dans une autre voie que la leur, avant de croire, examinez et ceux qui accusent et les reproches adressés. Quant à moi, je n'ai cessé de le dire, j'ai pleine confiance dans ce pays, dans son bon esprit, dans son amour de l'ordre et du travail, dans l'esprit religieux qui l'anime et dont la bénédiction réclamée pour cette œuvre modeste, mais utile, est une nouvelle preuve, et j'espère bien que, par cette union, par mes efforts, Dieu aidant, nous pourrons, dans quelque temps, inaugurer un travail plus important, le pont sur la Sarthe, que vous me demandez, et qui, complétant la circulation de ce chemin, augmentera les facilités des communications dans cette contrée, si riche et si digne de tout notre intérêt. »

La pluie, qui a un instant troublé cette cérémonie, n'a cependant point empêché la foule d'assister à la bénédiction du monument, et a cessé assez à temps pour que les gardes nationales présentes puissent passer la revue de M. le préfet et de MM. les maires du canton.

Tout le monde, en se quittant, paraissait satisfait de l'ensemble et du bon accord qui a régné entre les administrateurs et les administrés, et chacun y a vu l'augure d'une nouvelle et prochaine réunion pour l'inauguration du pont qui reste à faire sur la Sarthe (1).

(1) Des ordres ont été immédiatement donnés par M. le préfet pour que l'on commence les études nécessaires à l'exécution de ce pont.